Liebe Leserinnen und liebe Leser,

ich darf Sie sehr herzlich zu einem weiteren Band meiner ENTGEGEN DER ZEIT – Reihe begrüßen.

Die hier verfassten Texte sind neuverfasste Stücke aus dem Jahr 2020. Nach mittlerweile mehr als 14 Jahren habe ich immer noch so viel zu sagen und zu schreiben.

Meine Gedanken waren oft schon jene, das Schreiben zu beenden. Allerdings ist das Schreiben mein Leben geworden, es hilft mir in manchen Momenten oder Situationen die Ruhe zu bewahren. Alles noch einmal zu überdenken und dann im Schriftstück das Resultat zu verfestigen.

Dank der Musik habe ich den Weg zur Literatur gefunden, über diese Wegweisung bin ich mehr als nur dankbar.

Es ist meine Bestimmung, meine Berufung diese Texte zu schreiben, mich mit mir und meinem ICH auseinanderzusetzen und es freut mich wirklich sehr, wenn ich Sie liebe Leserinnen und liebe Leser auch erreiche und Ihnen mancher Text, als eine Stütze in Ihrem Leben dient.

Herzliche Grüße

Christian Hofmann

Inhaltsverzeichnis Neue Texte

DIE SONNE SCHEINT
Abschalten vom Alltag (Corona-Virus)

Der Tag, der wäre vergeudet
Wenn er so wäre wie heute
Die Sonne, sie scheint weit und breit
Schande, wenn ich keine neuen Zeilen schreib'

Alles Schöne in mir
Das schreibe ich hier hin
Weiß ganz genau wer ich bin
Was ich kann und was ich will

Beim Schreiben entfalten sich die Träume
Ich füll' die Leere in all meinen Räumen
Haltet bitte einmal alle hier das Maul
Ist es wirklich wahr oder nur ein Traum

Bitte Welt, bitte Welt, lass mir mal meine Ruh'
Haltet bitte einmal das Maul für den Moment
Das Leben ist doch ganz schön und angenehm
Ist doch alles nicht mal halb so schlimm!

Träume ich gerade oder bin ich in mir drin
Alles ist so friedlich sag mir, wo ging ich nur hin

Ich sehe das Gras hier wachsen

Haltet doch bitte, bitte mal das Maul
Die Sonne lacht und scheint so schön
Ist es wirklich wahr oder nur ein Traum?

Ich habe so lange auf diese Zeit gewartet
Ich füll' die Leere in all meinen Räumen

AUS LIEBE
*Liebe ist Leben und Ehrlichkeit und manchmal nicht
einfach*

Der Tod ist des Lebens Ende
Das Leben fließt durch deine Hände
Bei allem was beginnt
Jeder Weg kommt an sein Ende

Stunde null, die Geburt
Mama, Papa, Kindergarten, Schulbank drücken
Freunde finden, Feinde werden
Der Werdegang kann echt entzücken

Armageddon, Bibelstund'
Gebete, Gebote, lebe gesund
Judas, Jünger und Verräter
Politik und Wirtschaft, Geldanwärter

Nach dem Lebensende

Dann liegen wir im Eigenheim
Beschauen uns die Welt von unten
Jeder stirbt für sich allein

Familien, Freunde, eigener Weg
Rest In Peace, alles vergeht
Erinnerung die Zeit ist um
Lebe dein Leben, drehe dich nicht herum

Wie bereite ich dich
Am besten auf das Leben vor
Es werden schöne Zeiten
Doch auch die schweren stehen bevor

SCHEIß GESCHICHTE
Die anhaltenden Nachrichten des Grippe-Virus

Dies ist eine weitverbreitete Wintergeschichte
Welche aber die Menschheit niemals hören wollte
Auch ich bin mir nicht sicher –
Ob ich das Wort Corona in den Mund nehmen sollte…

Panik, Hysterie, Notstand tritt ein
Covid 19 muss es wohl sein
Es reitet ein in Menschen Geist
Über alle Länder es schon reist

Panik im Umlauf, Massenrausch
Hamsterkäufe, es lässt nix aus

So ziehe ich durch die Läden hier
Scheiße, wo ist das Klopapier!?

Regale leer, die Kassen voll
Wirtschaftschaos, irgendwer findet es toll
Grenzen dicht, da machst du nischt!
Hatschi, Gesundheit! Abgewischt

Hände reichen auch tabu
Bars und Kinos sie machen zu
Hoffe es ist nur ein neuer Schreck
Dieser Virus ist der letzte Dreck!

Quarantäne, Isolation
TV vollgepackt mit Extra-Information
Alle in Aufruhr, alles verbarrikadiert
Situation, sei bitte schnell wieder desinfiziert

Branding News, Branding News
Jeder drückt seinen Senf dazu
Nicht vergessen, weiter rücken
Immer auf die Tube drücken

Vogelgrippe hinter uns gebracht
Haben wir nochmal Schwein gehabt
BSE, Rinderhack
Längst verjährt und abgehakt

Alles Geschichte, Schnee von gestern

Geht vorbei und wisch es weg
Alte Kamelle, alter Lack
Mir fällt grad' echt `ne Last vom Brett

AUF EINEN TEE
Poesie zur Lebensfreude

Einfach mal die Welt beschauen
Im Rausch der Zeit
Besonnen sein
Auf einen Tee und ein Gläschen Wein
Genieß den Moment
Denn er ist dein

Herz und Puls im ruhigen Takt
Lebensfreude –
Die dich packt
Nimm sie an und lass sie zu
Denn dein Leben
Das lebst nur du

Neuer Regenbogen im Farbenschein
Gehe mit
Dein Leben lädt dich ein
Strahle wie die Sonne
Weit am Horizont
Dein Lächeln glänzt wie das reinste Gold

AN DEINEN LEBENSTAGEN
Leben, Freiheit, Freude, Gefühl

Endlich einmal was Neues schreiben
Kein so Standard von der Stange
Etwas was das Herz berührt
Danach sehne ich mich schon so lange

Das Lebensgefühl taut auf
Alltags-Gewühl wird taub
Leis' blühen freudige Gedanken auf
Lebensfroh und laut

Luftschlagen, Konfetti, kunterbunt
So soll das Leben sein, so ist es gesund
Liebe und Freude tief in der Seele
Ich versprüh' sie auf meinem weiteren Wege

Bunte Ballons
Die zum Himmel steigen
Lass uns den miesen Fratzen
Mal ein Lächeln zeigen

Die trüben Gedanken
Sie lockern unter den Sternen auf
All die schönen Smilies gehen online
Mit ihnen geht der Strom ganz aus

Mal wieder die Natur liebhaben
Volles Karacho Spaß an ihr haben
Sorgenfrei und grenzenlos
Nimm teil an deinen Lebenstagen

DANKE
Für all die Menschen geschrieben, dir an meiner Seite stehen

Meine Gedanken und Gefühle
Bringe ich allzu oft ein in meinen Zeilen
Den Kopf vorm Papier, Stift in der Hand
Schon bin ich am Schreiben

So viel schon geschrieben
Doch gibt noch so viel zu sagen
Vor allem ein großes DANKESCHÖN
Nach all den ganzen Jahren

Bin am Denken und am Dichten
Das Schreiben bleibt auf ewig meine Sache
Doch dies hier ist ein Dankeschön
Bei manchen Menschen, hab ich noch etwas gut zu machen

So manche Träne ist gelaufen
Manche Spuren sind hinterlassen
Tiefe Kratzer, im frischen Lack

Doch drauf geschissen, hoch mit den Tassen

Vielen Dank an meine lieben Freunde
Das möchte ich an dieser Stelle sagen
Hab mich mit Schmutz bekleckert, im Weg vertan
Es ist die Zeit der nicht vergessenen Tage

Vielen Dank an euch mit ganzem Herzen
In schwerer Zeit, habt ihr mich durchs Leben getragen
Hab manchen Mist gemacht, Scheiße gebaut
Dank euch hat mein Leben wieder frische Farben

FÜR EUCH
Für meine Mitmenschen, Freunde, Bekannte,
Wegbegleiter

Ich schreibe mir hier
So viele Dinge von der Seele
Ich bin mehr als sicher
Dass ich manche Wege nicht alleine gehe

Dies ist für euch
Für alle euch da draußen ein Brief
Denn was wäre der Autor
Wenn niemand seine Werke liest!?

DANKE – ich sage euch allen Danke
Dass ich mich öffnen und mitteilen darf
Manchmal in geschliffener Sprache
Manchmal knallhart, und messerscharf

Eine Portion Ironie
Nein mein Junge, sie schadet nie
Doch lass die Kirche im Dorf
Trotzdem ist unsere Bindung wie Magie

Ich wünsche euch allen stets
Immer eine gute Zeit
Dass ihr glücklich, freudig und
Auch viel am Lachen seid

Wenn mal Tränen fließen
So sollt ihr doch immer wissen
Es sind Texte von mir hinterblieben
Sie sind für mich, so wie für euch geschrieben

UNSER TÄGLICH BROT
Aus meinem beruflichen Werdegang

Schon viel gesehen, viel erlebt
Viel geschrieben als Hobbyautor
Ich berichte von meinen Plätzen
So wie bisher und nach wie vor

Bildungsbereich
Zeitarbeit
Industrie und Produktion
Wo geht's weiter, bei welcher Station

Ich berichte und dichte
Von den Plätzen die ich bisher schon sah
Festgehalten in Geschichte
So wie es in meinem Leben war

Manche Dinge sie sind echt –
Nicht einmal der Rede wert
Doch diese nicht erwähnt –
Ist die ganze Wahrheit etwas verkehrt

Unser tägliches Brot, gebt es uns heute
Angemessenen Lohn für unser Tun
Machen wir uns doch nix vor!
Weiß wie es läuft, Realität die auf meinen Texten
beruht

Vertrag kommt von Verträglichkeit
Was regelt nicht alles die Arbeitszeit
Meine Kraft, mein Werk alles gebe ich
Doch was kommt dabei rum, was bekomme ich!?

IM HERZEN
Wahrhaftige Liebe ohne Soll und Haben

Bei aller Blendung und dem falschen Schein
Nichts glänzt so wie die Liebe, die wahrhaftig ist
Kein Gegenstand ist reicher von Wert
Liebe im Herzen, ist wertvoller als jeglicher Besitz

Liebe die unter die Haut geht
Wird eine Heimat sein
Sie findet Ruhe und Frieden
Wichtig, sie wird geboren sein

Liebe so wie du es nur kannst
Denn sie ist stärker als jeder Hass, als jede Angst
Erfreue dich an kleinen Dingen
Denn sie können zu großen werden

Es ist das Leben dem du dankst
Dass du die Liebe fühlst und sie dich erlangt
Alles muss erst einmal beginnen
Streut man erst Samen die Erde

Liebe ohne Soll und Haben
So wird die Liebe eine Chance haben
Denn die Liebe ist kein Gegenstand
Sie ist in uns, unser Leben lang

PHILOSOPHENWEG

In Gedenken und Hochachtung an die
Philosophierenden

Wort und Sprache, was ich schreibe und sage
Milder Ton oder messerscharf, es erntet Kritik – keine
Frage

Des Schriftstellers und Künstlers Werk ist
Philosophie, Psychologie, Soziologie
Alles in Raum und Zeit, im Universum greifbar nah
Auch fern zugleich, Sternenbild, Horoskop, Astrologie

Thesen, Visionen, Wahn und Vorstellung
Alles in nur einer einzigen Persönlichkeit
Wissensgierig, weisheitssuchend
Schrift verfassen für die Ewigkeit

Worte können schärfer als Waffen sein
Verletzend und abstoßend auf uns gerichtet
Tatbestand und der Wahrheit treu
So ein Dichter seine Schrift doch dichtet

Woher kommt das Signal im Philosophen
Thesen, Zitate, Theorien und Strophen
Im Einklang mit sich und der ganzen Welt
Schätzt Lebewesen unter dem ganzen Himmelszelt

Ist es einfach die Frage nach dem Leben
Dem großen Sinn im Sein
Geheimnisse entdecken, tiefgründig die Spuren

Tief im Innern des Grundgestein

Fragen über Fragen, die doch immer offen bleiben
So spannend ist das Leben, festgehalten in den Zeilen

DEIN ZUHAUS IN DIR
Wir alle haben ein Zuhause in uns selbst

Menschen kommen und sie gehen
Machen feiernd Krach und sind laut
Ich komme so ruhig wie der Wind
Hinterlasse Tränen, denn ich gehe unter die Haut

Ich gehe tief ins Innere
Tauche tief bis zu deinem Kern
Da ist das wahre Leben
Da will ich hin, denn da bin ich gern

Ja so manche Wunde
Auch so manche Narben
Habe ich mir halt im Leben –
Irgendwann einmal zugetragen

Doch das ist alles echt
Keine gespielte Scheiße
Nicht jeder traut sich, sich selbst zu finden
Wissen nix von der wahren Lebensreise

Was du in dir findest

Es zeichnet dich aus
Geh doch mal auf Tauchgang
Finde dich und dein Zuhaus'

SCHON LANGE!
Autobiographisch, der Wahrheit zu nah!

Bin schon lange nicht mehr gesund
Asthma Bronchiale seit der Kindheit
Narben auf Herz und Seele
Außenseiter seit der Schulzeit
Burnout, überfordert, abgefuckt in die Depression
Tagebuch und Reime, zusammengesetzte Rezession

Lange Zeit schon kein Stern mehr über mir
Fühle mich innerlich schon lange verloren
Doch irgendwo in mir ist da eine Hoffnung
Keine Ahnung, irgendwann wurde sie geboren
Glaube, Liebe, Hoffnung, alles was uns hilft und heilt

Trotzdem weiß ich, ich bin krank, doch Schreiben ist,
was mir zum Troste übrig bleibt

Helfen kann mir eh kein Mensch
Darum schreibe ich was ich fühl' und denk
Ich danke wirklich Gott dafür
Für jeden Tag, den er mir schenkt!

Ich habe wirklich keine Ahnung
Wieso und weshalb ich das erlebe
Trotz all der Scheiße immer noch das Gute –
Wonach ich hier im Leben strebe

Vielleicht gibt's noch die Rettung
Ich kämpfe hier echt unermüdlich
Und die Wege unseres Herrn erschließen sich nicht
Denn sie sind alle unergründlich

ZUM ABSCHIED
Letzte Worte, so verläuft das Leben

Das Leben es besteht aus
Etappen und Stationen
Türen werden geschlossen und geöffnet
Lebensbestand der Situationen

Wegbereiter, Wegbegleiter
Nichts bleibt stehen, alles geht weiter
Wir sind alle im Fluss der Zeit
Nur ein kleiner Teil in der Ewigkeit

Drum lasst uns schätzen was wir haben
Was uns erfreut und wir mit durchs Leben tragen
An allen Ecken, an allen Ständen so steht es fest

Erinnerungen bleiben und an allem halten wir stets
fest

Neue Wege betreten, alte verlassen und stets dem
Neuen
Offen und mit Herzlichkeit begegnen
Manches Resultat, ist einem nicht gleich klar – doch
das Gesamtbild, wenn man's malt, wird zeigen, gut so
wie's kam

Drum bleibt zum Abschied allem Trost
Die Zeit die man erlebte, nimmt einem keiner wieder
weg
Alles wird gut, alles wird gut –
Die Erfahrung und auch jener Moment, er bleibt
bestehen

Habe versucht auf meinem Weg, zu geben was mir
gelang
Habe auch von euch gelernt, so komme ich am Ende
wieder bei mir an, sei euch gedankt, sei euch gedankt,
bitte denkt immer stets daran, alles Gute und auf
Wiedersehen, passt auf euch auf, der Weg muss
weiter gehen

HOCH ZUR SONNNENSEITE

Reflexion des Werdegangs

Hoch zur Sonnenseite
Schaute ich von soweit hier unten
Bewegte mich allein im Nichts
Doch ich drehte diese Runden

Ich schaue zurück
Auf die harte Zeit so mancher Tage
Doch bekam Respekt vor mir selbst
Ein Hoch auf meine ganzen Jahre

Tiefgänge und Dummheit
Aus ihnen lernte ich für das Leben
Fehltritte und Scheiße
Passierte mir, sowas solls geben!

Jetzt komme ich zurück
Stehe hier ganz und gar zu mir
Zog durch Nebel und durch Donnerwetter
Nur noch Schall und Rauch, doch auf ewig ein Teil von
mir

Gebrochener Flügel, verletzte Seele
Doch bleib nicht stehen, weil die Wege weitergehen
Wunden zugezogen, in manchem Feuer verbrannt

Vieles vernarbt doch brachte auch einen Neuanfang

Den Willen und Glauben, darfst du niemals verlieren
Um zu gewinnen, musst du die Dinge neu probieren
Ich weiß wovon ich schreibe, denn ich höre in mich hinein
Alles was damals war ist vorbei, ich war ein Kind und noch viel zu klein!

REIME AUS DEM LEBEN
Nach einer langen Zeit…

So viel Papier
In all den Jahren schon beschrieben
Auf zum neuen Ufer
Zeit um in eine neue Zeit zu ziehen
Ich hebe mein Arme
Fäuste geballt hoch in die Luft
Als hätte ich es geahnt
Als hätte ich um diesen Tag gewusst

Alles was ein Ende bringt
Birgt auch einen Neuanfang
So scheint es nun
Als fing dieser hiermit an

Zerrissene Blätter
Zu einem Buch gebunden
Ich habe es geschafft

So vieles überwunden

Auch nach 14 Jahren,
bleibt das Schreiben – mein Leben
Doch wird es nun andere Zeilen geben

Es waren Reime aus meinem Leben
Zeit etwas Neuem zu begegnen
Ein Weg endet hier, doch ein neuer beginnt
Anfang und Ende, alles ist der Zeit bestimmt

ZWISCHEN DEM LEBEN UND DEM TOD
*Ein Text über das, wo zwischen wir uns täglich
befinden*

Vom Anfang der Geburt, bis ans Ende unseres Weges –
Während der Zeit auf Erden befinden wir uns,
zwischen dem Leben und dem Tod
Das Leben spielt die Karten – schwarz oder rot!

Die legst du die Karten auf den Tisch
Ausgespielt, vollen Einsatz gegeben
Danach werden die Karten neu gemischt
Alles gesetzt, alles auf die letzte Karte

Spiele um dein Leben
Dein Einsatz ist hoch
Zwischen dem Leben und dem Tod
Das Leben spielt gibt die Karten, schwarz oder rot!

Bube, Dame, König, Ass – Herz, Karo, Kreuz und Pik
Dein Zug, dein Spiel – trotze der Niederlage mit dem
Sieg

Spielzeit für Dramatik
Tragisch ist das Herzgefühl
Es ist dein Tisch mit deinen Karten
Nimm es an und spiel dein Spiel

Das Licht geht an, das Licht geht aus
Noch'n Zug und trink die Flasche aus!

Das Leben spielt mir dir sein Spiel
Mit viel Dramatik und Herzgefühl
Das Leben spielt die Karten – schwarz oder rot!
Bist du bereit für „Zwischen dem Leben und dem
Tod"!?

**GITARRENSOUND, GEFÜHLVOLLE TEXTE,
BÜHNENSHOW**
Eine kleine Sequenz von mir

Um den Ursprung und den Grund meines Schreibens
zu benennen muss ich zunächst eine Reise in die
Vergangenheit antreten.

Es war das Jahr 2006 – in dem ich begann, den Weg zu mir selbst zu betreten um mich zu finden.
Eigene Erlebnisse und Momente die ich bis zu diesem Zeitpunkt erlebte, konnte ich weder verarbeiten, weder noch in irgendeiner Form kommunizieren oder dokumentieren. Musik war schon immer ein Teil von meinem Leben, als Jugendlicher hörte ich sehr viel Techno und Trance-Musik. Im Jahr 2004 begann sich dies zu ändern.

Das Jahr 2004 brachte für mich Veränderungen hervor, gerade im ersten Lehrjahr meiner Ausbildung (18 Jahre alt und noch keinen Führerschein) ging ich das erste Mal in meinem Leben eine Samstagnacht unter Leute, auf einen Discoabend.

Vom Jahr 2004 – 2007 änderte sich meine Musikrichtung, ich fand das, wonach ich unbewusst auf der Suche war. Musik die einen Halt gibt, die einen akzeptiert wie man selbst ist. Musik die in schwerer Zeit ein Freund sein kann.

Im Jahr 2006 begann ich Sätze und Wörter zu schreiben. Ohne Reim, ohne Gedicht, lediglich Gefühlszustände. Zu diesem Zeitpunkt habe ich das erste Mal in meinem Leben, meine Gefühle wahrgenommen und sie auf Papier bringen können. Dies war die Zeit, als ich begann Texte zu verfassen.

Gitarrensound, gefühlvolle Texte und Bühnenshows, traten immer mehr in mein Leben. Kategorie Rockmusik und Heavy Metal.

Seit dem Jahr 2004, hörte ich ganz intensiv und bewusst eine deutschsprachige Band, die in der Gesellschaft als unbequem angesehen war, weil sie die Wahrheit in den Liedern besang. Großteil waren und sind die Missstände unserer Klassen-Gesellschaft und die Politik!

Gerade ich als eher unscheinbarer Schüler, Jugendlicher und Auszubildender in einem metallverarbeitenden Betrieb, hörte mir diese eine Band an.

Während all der Zeit bis heute, sind nun 14 Jahre vergangen, höre ich immer noch diese eine Band und ich bin mehr als nur dankbar, dass diese Band den Weg zu mir fand, oder ich den Weg zu ihr.

Diese Band hat mich ich selbst werden lassen. Erst einmal sich selbst zu akzeptieren wie man ist, was man hat und was man kann, oder halt eben auch was man nicht ist, was man nicht hat und was man nicht kann! Durch diese Band, welche ich irgendwie aus irgendwelchen Gründen bewunderte und immer noch bewundere, wurde in mir ein Signal gezündet.

Mein Traum, meine Vision, einmal auf einer Bühne zu stehen und selbstverfasste Texte zu publizieren um Menschen zu erreichen, die sich selbst suchen, die Halt suchen, welche, die Verständnis brauchen und sich selbst lieben wollen, wie sie sind!

Während all der Zeit, kamen immer mehr Rockbands auf meine Liste deren Meinung ich vertrat.
Immer mehr interessierte mich die Herkunft der Interpreten, die Lebensgeschichte der Bands.

Philosophie und Tiefgründigkeit traten immer mehr in den Vordergrund meiner Persönlichkeit.

Heute nach 14 Jahren komme ich zu folgenden Thesen und Resultaten, doch diese sind nicht endgültig. Denn das Leben, die Zeit dieser Dauer ist ein immer wieder und wieder neues Entdecken. Neuentdeckungen meiner selbst, so wie die Welt in der ich lebe.

Die Rockstars

Bei allem was mich an Rockstars und Rockbands so fasziniert ist, dass es Menschen sind, die sich selbst suchten, die ihre eigene Wahrheit leben und nach außen verkörpern.

Songtexte, Songs, Zitate, Denkweisen. Rockstars sind für mich Philosophen, Querdenker, Freigeister.

Sie prägten mich und verhalfen mir auf den Weg, mich selbst zu finden.

Dieses Lebensgefühl welches sie in den Songs vermitteln, verbreiten, auch durch eine Art Selbsttherapie verarbeiten, ist für mich so unbeschreiblich packend. Weil sie ihre Wahrheit leben, ob es unbequem ist, ob es nachteilig ist, ob es Kritik hagelt oder ob sie verachtet werden!

Meine Erkenntnis und mein Wohlempfinden, welches diese Musik mir vermittelt, ist eine fühlbare Freiheit, denn nichts ist schlimmer, als ein ehrlicher Mensch zu sein und eine Fassade tragen zu müssen!

Eigene Fehler sich einzugestehen, diese in einem Lied zu verpacken und sich der Welt offenbaren, beweist mir, dass dies wahre Stärke ist und dass diese Menschen Rückgrat besitzen!

Bei allen Bands und allen Sängern, bewundere ich, dass sie zu sich stehen und standen zu jeder Zeit.

Es gibt Musiker, Philosophen, Dichter und Denker.
Sie alle haben Schriftstücke hinterlassen, oder Melodien und Gesang.
Mir ist deutlich geworden, so spreche ich da für mich, dass ich diese Werte und diese gereichte Hand angenommen habe.

Jedoch muss ich beachten, dass ich mein eigenes ICH bin. Ich lebe für mich, ich entscheide für mich, ich atme für mich.
Musik und Philosophie ist eine Stütze, eine Zuflucht in schweren oder bedenklichen Zeiten.

Es sind Menschen in meinen Augen, die auch irgendwo und irgendwie nach Hilfe suchten, und die Hilfe haben wir in uns selbst. Wir lenken uns, wir denken für uns. Wir sind wir!

Wir bekommen in der Erziehung immer Unterstützung, Hilfestellungen, diese sind auch gut. Aber es kommt der Tag im Leben, an dem müssen wir für uns einstehen und entscheiden! Jeder für sich, du für dich und ich für mich!

Rockstars und Rockbands haben einen so starken Willen, die eigene Wahrheit und den eigenen Weg zu gehen. Das ist was mich so an ihnen fasziniert.
Klar, jeder will seinen Weg gehen und vielleicht auch seine Wahrheit leben. Aber diese Menschen die trotz all der Tragik und Dramatik an ihrer Vision, ihrem Willen und Glauben festhalten, ist für mich echt packend und gibt mir auch Kraft und Mut, den Weg weiterzugehen und nicht von ihm zu weichen.

Ich meine klar, auch Entertainment-Stars treten für ihre Show auf. Aber bei denen ist es wie bei Politikern für mich. Immer den Schein bewahren, dass alles funktioniert und niemals eine Schwäche oder einen Fehler zugeben. Das kotzt mich persönlich echt richtig an!

Eine Botschaft die ich hier gerne noch mitgeben möchte ist diejenige, es ist für mich wie das Lesen von Schriftstellern oder das Hören meiner Musikbands. Bei allem was sie mir geben und was ich durch meine Texte gebe. Eines darf niemals vergessen werden, dass müsst auch ihr euch merken, genauso wie ich für mich.

Diese Texte für euch und die Musik für mich, ist ein Trost, ein Halt, eine Unterstützung für manch schwere Situation im Leben vielleicht.

Doch euer Leben, das lebt ihr, ihr für euch allein.
In jedem von uns existiert der Weg, der Weg zu uns selbst. Wenn ihr ihn noch nicht gefunden habt, verzweifelt nicht, macht euch nicht verrückt. Jeder von uns wird ihn erkennen und früher oder später betreten und gehen.
Ich lebe für meine Wahrheit, schreibe Texte aus meinem Leben, weil ich nichts abscheulicher und erbärmlicher finde, als wie in einer Lüge zu leben. Was Menschen uns antun durch Lug und Betrug, das haben wir nicht in unseren Händen, aber wir haben unser Leben und unsere Wahrheit in den Händen.

Sehr gerne würde ich noch mehr Literatur aufsaugen, einsammeln und mich mit Bands identifizieren, doch auch dabei besteht die Gefahr, abhängig zu werden.

Aus diesem Grund lese ich nicht so viel in der Literatur und höre mittlerweile auch weniger Musik, dass ich, auch ich bleiben kann und so liebe Hörerinnen und Hörer, Leserinnen und Leser, Mitwelt da draußen, möchte ich niemals mit meinen Texten eine Lösung für aller Probleme sein – aber ich möchte einem Wunsch nachkommen, welchen ich mir in einer beschissenen Zeit selbst auferlegte. Ich möchte Menschen erreichen und etwas zurückgeben, was die Musik mir einst gab.

In diesem Sinne, lebt euer Leben, fühlt euch verstanden mit meinen Texten – aber bleibt immer ihr selbst!

Der eigene Weg

Den eigenen Weg zu finden das ist eine Sache zwischen sich selbst und dem eigenen ICH.

In schwierigen Situationen, so spreche ich aus meinen Erfahrungen, ist es schwer den eigenen Weg zu finden. Denn durch Gedanken und Ängste, ist meistens der Weg versperrt. Zunächst einmal müssen die gedanklichen Barrikaden durchbrochen werden.

Jeder Dichter, Philosoph oder Doktoren der Wissenschaft, versuchen wie ich zu beschreiben, was in einem vorgeht, den Weg zu finden.
Es gibt unzählige Mittel, Bücher, Songtexte die diese Situation beschreiben, doch es ist schwer, so stelle auch ich für mich fest, sie präzise einzufangen.

Die Schwierigkeit ist es, Gefühle und Eingaben kann man nicht an Menschen weitergeben nur in Form durch Schriftstücke, Kommunikation oder Gesprächstherapien versuchen nahezubringen.

Die Wichtigkeit, die als allererstes ansteht ist jene, den Weg zu sich finden zu wollen, der nächste Schritt ist, sich auf sich selbst einzulassen!
Nur durch den eigenen Willen, kann jeder auch seinen eigenen Weg finden und gehen. Abgewogen werden muss dabei, ob man bereit ist und wie weit man gehen kann und will!

Der eigene Weg kann einsam verlaufen, aber kann er auch mit Gleichgesinnten gegangen werden.
Der Weg, der nachfolgend beschrieben ist, ist mein Weg.

Wir suchen, unser Leben besteht aus dem Suchen, oder ist unser Leben vielleicht eine einzige Suche?
Nun wenn ich mich zurückerinnere, denke ich an meine Kindheit und ich stellte Fragen über diese Welt, an die Eltern, in der Schule, an die Großeltern.

WARUM?
Warum sind die Dinge wie sie sind und warum
verlaufen sie so?

Genau da beginnt eigentlich ein Weg, aber ob es der
eigene oder ein fremdbestimmter Weg ist, dies finden
wir im Laufe unserer Zeit heraus, spätestens an dem
Punkt, wo wir, das Leben und alles um uns herum
einmal hinterfragen.

Doch das Fragen kann bei einigen Ängste, bei anderen
Zweifel und wieder anderen ein Desinteresse
auslösen.
Die Frage nach dem Sinn des Lebens.

Genau diese Frage, sie ist mein Weg…

SONGBOOK

English-Rock/Alternative Metal

A Rockstar's Life

A Rockstar's life, it's hard 'n heavy
All his songs and parts of ev'ry Story
His past was dark and loneliness
His hope was gone when his heart broke

These 're stories of a Rockstar's life
Tell me how strong is the Rockstar's wife

The tales 're great of a Rockstar's fate
The rise of Rockstar is often in USA – America
Deep wounds under the skin
Life without halo with so any sin

Every Tattoo
Cover up the scars
Broken soul 'n row voices

Do you'll be another one you're a Rockstar

Chorus:
Tattoos 'n drugs
And Rock 'n Roll
Bad days gone
Drowned in alcohol

All the tears
Hidden deep inside
Scream out all the pain
Ev'ry day it's a new fight

Just Words

Why do you like me?
Do I move you with my words?
Do they offer you solace?
When everything hurts?

Everyone suffers
You hear their groan
But I give you shelter –
You are not alone

A few thin lines on pages
I say what you can't share
I have no voice, yet speak to you
And tell you that I care

Why do you like me?
Is it my true humanity?
I am only written on paper, I am words
Bring back the power for mental sanity

Why do you hear my words?
After all, we think and feel the same
We all go human ways
Cohesion is the keys magic name
Picture of You

Whenever the raindrops fall
I think that you cry
I paint a sun in my mind
but in truth I know it's a lie

It seems I can hear you
but there are only voices in my head
Everything is quiet and peaceful
this place where the roses are red

It feels like you're still showing me ways
like you're by my side
but there is something that keeps us apart
As if we were caught, between space and time

My picture of you is just a memory

But it still seems so alive
Whatever time takes away from us
in me you will survive

I still see you sitting in your seat looking out your
window
I still hear your voice when I open the door
I can still feel and see everything
even though the rooms are empty and there is nothing
any more

Ashes And Smoke

I didn't think it would catch up with me again
Ashes and smoke, a fire, that burns the hearts of men

I'm trying to call for you
My lungs are covered with dust
I'm trying to reach for you
But it seems like everything is lost

Chorus:
Baby, I'm sorry
It seems that we have reached the end
I have surrendered to fire, smoke and sand
I want to tell you that I love you, but I can't

I broke my promises, my mistakes can't be undone
We are waiting for the end 'till everything is gone

It only takes a spark
The fire swallows everything
Ashes and smoke will come
And bury you and me within

Chorus:
Baby, I'm sorry
It seems that we have reached the end
I have surrendered to fire, smoke and sand
I want to tell you that I love you, but I can't
If we can't save ourselves,
then who will save us now?
Our love goes up in flames
Too late to say our vows

Emergency

From the place where I came
there was darkness and pain
But it is all - my own blame
I thought I could never be the same

You're the most honest part of my life
Everything that seemed lost long ago
You have given me back my feeling of life
That I found myself again
It's so strange and it's so crazy
As if life suddenly means well to me again
I was broken, but no-one was there in my emergency
That I found you, it was to my great mercy

I walked through loneliness
The darkness has embraced me
Now we walk through the rose garden and
I'll walk with you across the flower field
The shadows haunt me many a day
But you donate light in the shade of grey
Sometimes I can't believe it because my downfall was
sure
For all my wounds, you now bring me the cure

It's still so hard for me to realise
After a long night, you are my sunrise
And now we walk through this rose garden,
across the flower field in the bright shining light
Only in our love, in everything else I cannot believe
I think that everything has its destiny
God sent you as an angel to me

You were the rescue in my emergency

Escape

It was the turning point in my life
The sky was my way to freedom
But with the end in sight, I crashed down
and landed among my demons
I risked so much for safety

For freedom I would yearn
But now I see it was an illusion
I'm at the point of no return

There is a secret door, deep inside of me
But it's hidden from the light, for no one else to see

Why does it keep haunting me?
I feel the shadow on my back
Desperately I cling to my life
and launch the final attack
I don't know how it ended
I thought I'd hit the ground
But at the bottom of the ocean
The long lost treasure I found

Even if you fall, never lose your faith
Because...

... I found a golden key
In the depths of my soul
It was hidden from the light
Only the darkness made it glow

It was the turning point in my life
I would have died to break free
I had to wake up to leave
The land of broken dreams

Runaway

Broken dreams –
I´m losing in memories
Life´s cold 'n dark
Good things go down, hope 's so far

Why I'm standing
Here right now?
I'd try to run 'n escape
But I don't know how

How I came
To this place
I'll runaway but it's hard
Without any trace

It seems to be

That I'm lost
Fire starts up
I'll burn to ashes 'n dust

Dream and desire
I thought I believed
From the start 'till the end
The beast of hell's unleashed
Tunnel Vision

The expectations of others
determine our value
Why do we want to be?
respected for the things we do?

Why am I so obsessed with achievements?
All this will lead to nothing in the end
With open eyes, I blindly follow the illusions
It doesn't matter, I just have to pretend

Why is everything so complicated?
Why is everything the way it is?
Success alone does not make you happy!
Fame does not bring you bliss

I know you are there and say
"what I have and what I am is enough for you"

But somehow it seems like I am missing something
It makes me sad, because it' s true

We have so many dreams, desires and goals
waiting to lead us through life
But in the end, I found out that they all come with pain
Finding your peace is a strife

Songtexte

Deutschsprachig

Schlager/Rock
Alternative

Asche Und Rauch (Rock)

Ich hätte nicht gedacht
Dass es mich noch einmal einholen wird
Jetzt ist es wie ein Lauffeuer
Überdeckt Felder, bringt Asche und Rauch

Ich versuche nach dir zu rufen
Doch mein Mund er bleibt stumm
Versuche dir meine Arme zu reichen
Doch es scheint als wäre alles um

Meine Lunge ist bedeckt vom Staub
Ich laufe wie blind durch ihn
Mir scheint es, als hörte ich deine Stimme
Doch finde nicht zu dir hin

Alles was gegeben ist
Ist was am Ende weder reicht noch zählt
Es ist als verschluckt mich der Rauch
Meine Brust voll Smog, ich kriege nichts mehr raus

Und ich versuche nach dir zu rufen
So sehr ich auch versuch nach dir zu greifen
Das Feuer erstickt meinen Atem
Begräbt mich in seinem Nebel, kann ihm nicht
entweichen

Baby es tut mir leid
Es scheint als hätten wir das Ende erreicht
Meine Stimme, sie bekommt nichts mehr raus
Mein „ich liebe dich", bleibt dir unerreicht

Das Lauffeuer breitet sich aus
Ist der erste Funken erst am Glühen
Ich bin gefangen in Asche und Staub
Sag mir ist es das Ende, geht alles auf in Rauch

Wer soll uns noch retten
Wenn wir selbst die Rettung nicht schaffen
Die Flammen schlagen aus im Feuer
Unsere Liebe, sie geht auf im Rauch

Tageslicht (Schlager)

Ich saß in der Bar auf einen Kaffee
Wollte nicht mehr lang' bleiben und eigentlich gehen
Die Sonne schien über die Theke und Tische hinweg
Durch das Sonnenlicht sah ich sie, durch diese Türe
gehen

Mitten am Tag, bei Tageslicht stand sie so da
In ganz hellem Gewand und Engelsgesicht
Wachte oder träumte ich?
Es wirklich verstehen oder realisieren konnte ich nicht

Sie musste ein Engel sein, anders konnte es gar nicht
sein
Woher sie wohl kam und wie ihr Name wohl sei?

So viele Fragen gingen mir durch den Kopf
Und sie ging mit einem leichten Lächeln an mir vorbei

Mein Blick und ihrer berührten sich
Wie ein magischer Moment bei Tageslicht
Sie setzte sich an den Tisch gegenüber von mir
Ich dachte das Paradies ist nicht fern, sondern genau hier

Die Blicke gefesselt und elektrisiert
Herz am Pochen und das Blut es pulsiert
Ein kurzer Blick weicht, weil mir scheinbar etwas in die Seite zwickt
Doch da war nichts zu sehen, der Blick zurück und sie war weg

Sie musste ein Engel sein, anders konnte es gar nicht sein
Woher sie wohl kam und wie ihr Name wohl sei?
So viele Fragen gingen mir durch den Kopf
Und sie ging mit einem leichten Lächeln an mir vorbei

Wolf Im Revier (Schlager)

Allein durch die Straßen
Allen durch die Nacht
Sehnsucht ist groß, denn sie treibt
Ist stärker als gedacht

Von Bar zu Bar
Immer dem Tresen entlang
Auf Dauer hält es allein niemand aus
Einsamkeit ist kalt und dauert lange an

Wie ein Wolf
Zieht er durch sein Revier
Seine Bars und Clubs
Ziehen ihn immer wieder her

Jeder Tanz im Discolicht
König dieser Nacht
Bis er seine Königin findet
Die bei ihm erwacht

Und so zieht er durch die Straßen
So wie es doch immer ist
Einsame Herzen suchen Wege
Weil kein Herz gern alleine ist

Am Tresen noch ein Bier
Noch ein letzter Tanz im Neonlicht
Der Wolf in seinem Revier
Bis der Barkeeper beendet seine Schicht

Lyrics

Rap/
Hip Hop

Back In Da Hood

Ich bin zurück im Rap-Battle!
Stelle hier kein'n Rekord auf
Doch spreng alle Ketten
Und dann sind die Tore auf
Welcome back in da hood
Bin stärker, als alles andere es je wurd'
My playground, my rule
Außenseiter vom ersten Tag der school

Damals nahm ich
Alles einfach immer hin
Mit mir machts heut' keiner mehr
Weil ich nicht mehr der von damals bin
Damals noch Zielscheibe-Face
Pump gun, pump up, pump again, shoot out
Heute sind andere Events my place
Ende der Durchsage, over and out!

Ich war nie homeless
Aber auch nicht fearless
Nicht Don Johnson oder John Wayne
Doch mein Revier, ich markier's jetzt
Entgegen der Zeit
Entgegen dem was bleibt
Auf jeden PUSH! Auf jeden Fucker
Der mich antreibt

Entgegen der Zeit
Ich greife sie an, sie ist das
Was mir noch bleib

Keine Große Überraschung!

Das hier is' keine
große Überraschung
Hör' ma die Strophen
wie' se rascheln

Wie is' n Leben ohne Inhalt?
Ha!?
Zu viel Leere!
Durch all die Löcher in Herz und Tasche

Was' s wenn d's Kind
schon im Brunnen liegt?

Was' s wenn der Bomber
über unsere Nester fliegt?

Das is' wie Silvester
nur ernster
Man verdammt
das is' Krieg!
Das is' wenn de Pest im Umlauf is

Attention, Attention!!!
E P I D E M I E
Atomarer Auflauf, Krise im Labor
Keine gute C H E M I E !

Mixrhyme

Basedrop – Kickshot – up & down
Bock auf Blödsinn – Luftschlösser bauen
Lass uns laufen eine Runde durch den Park
Dreh die Musik auf – wir gehen hart

Heavy Metal Rock und Alternative
All u need – think positive
Rock your body and feel the beat
Zieh mit uns durch das Gebiet

Wir leben im Mixrhyme
Wir sind Kinder der Freiheit ohne festes Heim
Alles was wir sind und wollen ist,
lediglich im Leben frei zu sein

Fliegen davon like a thunderhawk
Thats our way – yes, our walk
Wir bauen unseren Freizeitpark
Geile Laune ist mit am Start

Lasst uns unser Leben leben
Wir sind Peace brauchen keine Regeln
Alles bleibt friedlich keiner wird verletzt
Zeit, dass man sich dem Zwang aller Zwänge
widersetzt

This Is Mist (Live von der Stage in Marburg 2019)

Ich hab Bock - Auf Metal und Rock
Alles tipp topp - Mit Rap ´n Hip Hop
Ich texte jetzt - Im Flow un' im Beat
High Voltage – Hamstercheek

Der Ruhige von damals - Heute laut
Der Kleine jetzt groß – Der's auf Ohren haut
Ihr sagt ich scheitere hier –

Fuck up! ich mach weiter mit dir

Heldenmut – alles gut –
Braune Scheiße steht keinem gut
Poetry in Love – Leute das is mein Tach'
Dreh nicht leise - Los mach krach
Alles was zählt - Ist let's fetz

Noch nicht genug - Stand bis jetzt
Erster Schritt - Und next ex
Scharfe Klinge - Fireflex
Tic Tac Clou - Fick Fuck U

Don't stress me - A freak like me
Fingerfood - Drinkin Punch
Energymix - Joyridelunch
Quicki Ficki - Cherry Kiss
Leute - this is Mist

Inhaltsverzeichnis Neue Texte – Fortsetzung

32. DIE LAHN (Bonus-Text)

TAGE SO WIE HEUTE
Frische Gedanken verfassen

Ich habe meine Gedanken
Alle am Gehweg geparkt
All meine Entscheidung
Auf einen anderen Tag vertagt

Ich habe Gefühle im Gepäck
Ziehe grenzenlos die Straße entlang
Ich mache den Geist frei, ich mach in frei
Komme heute Abend wieder irgendwann an

Ich erinnere mich langsam
An meine Tage der Kindheit zurück
Da liegt doch noch der Boden voll
Mit so viel buntverpacktem Glück

Ich kann es sehen, ich kann es sehen
Doch nicht an mich nehmen
Es ist längst vergangene Zeit
Eine Sequenz aus meinem Leben

Da sind Luftballons am Fliegen
Es wird Konfetti geschossen
Warum kann ich mich daran nicht erinnern
War ich da, doch hatte ich die Augen verschlossen!?

Ich laufe zurück zu meinem Parkplatz
Konnte nichts greifen, doch ich habe Freude
Man holt vergangenes nicht zurück, dennoch
aber gibt es Tage so wie heute

WO ICH NOCH LANGE NICHT BIN
Das Schreiben und ich

Viele Texte sind geschrieben
Über echt alles und jeden
Alles in allem –
Über mich und über mein Leben

Man könnte meinen
Die Ideen sind verbraucht
Die Gedanken leer, doch –
die Feder wird in Tinte eingetaucht

Neue Linien
Werden über das Blatt gezogen
Manche sanft, manche fest
Nur bei Punkt und Pause wird abgehoben

Neue Zeile, neue Strophe
Ein weiterer Beginn
Das Ende meines Schreibens ist da –
wo ich noch lange nicht bin!

Die Welt bietet Themen
Die Auswahl ist mehr als nur genug
Und habe ich die Schnauze voll von ihr, schreibe ich
autobiographisch, automatisch an meinem nächsten
Buch

Meine Welt in mir sie dreht sich
Auch mit mir bis zum letzten Tag
Will damit sagen, ich schreibe bis ans Ende
Bis Gott „jetzt ist Schluss" zu mir sagt!

IM DRECK, ABER NICHT BEGRABEN
Egal wie tief man fällt, steht man auch allein...

Solange schon kämpfst du
Im tiefen Schatten für das Licht
Keiner ist da und steht zu dir
Denn niemand glaubt an dich

Verbrannte Erde, Asche auf dem Feld
Abgestürzte Träume aus deiner Welt
Liegst mit der Schnauze tief im Dreck
Aber nicht begraben, also wisch ihn dir weg!

Lass dich jetzt nicht unterkriegen
Wer liegen bleibt, lernt nie zu fliegen
Packe jetzt all deinen Mut zusammen
Du wirst schweben über all den Flammen

Du musst deinen Weg für dich alleine gehen
Ramme die Flagge in den Grund, dass alle sie sehen
Nur weil du mal fällst wirst du nicht gleich untergehen
Nur ein Sieger lernt wieder aufzustehen

Lass alles und jeden hinter dir
Jeder Schlag deines Flügels, bringt dich weiter weg von
hier
Glaube an dich und deine Ziele, deine Reise
Fliege hoch hinaus aus der tiefsten Scheiße!

Keiner der an dich geglaubt hat
Kann dir nun auch nicht im Wege stehen
Darum höre mir zu, glaube immer fest an dich
Du musst deinen Weg für dich alleine gehen

TATBESTAND
Sehr nah wahrheitsexistierend

Setzt euch, bleibt nicht stehen
Schnallt euch an, es geht los im Handumdrehen
Wieder vor dem Papier, hier knall ich es hin
Die absolute Wahrheit, ich bin definitiv dein Kind!

Wessen Brot ich esse, dessen Lied ich sing'

Was ich davon halte, schmiere ich auf diesen Lappen
hin
Ich sehe unsere Gesellschaft, die Einen buckeln hart
Die Anderen haben alles, doch haben nix dafür getan

Mauerbrüche, Ziegelsteine
Geschärfte Zunge ist die meine
Ein Teil der Gesellschaft sie tanzt in Scheiße
Der andere feiert, Society mit vielen Scheinen

Ich sehe Mädels schauen sich die Shows da an -
Tod Models dieser Welt, hungern sich die Rippen
klamm
Putz in der Fresse, Betonweise Mascara
Überdecken alles, vor allem mehr IQ, als jemals da
war!

Sehe Typen die posieren, als ach so toller Bachelor
Nix im Leben je gerissen, doch 5 Minuten Luxus-Life
Von nix eine Ahnung, weit und breit –
Noch nix gearbeitet, nix verdient im eigenen Schweiß!

Arbeitgeber dieser Welt, wollen von dir immer das
Beste
Für Freunde und Familie, bleibt der Rest der Feste!
Ehrlich werden und so auch sein, so durchs Leben
gehen –

wird nicht leicht, denn die Scheiße wird man dir in
deine Richtung drehen!

WETTLAUF MIT DER ZEIT
Dichter und Denker über Leben, Tod und Zeit

Es wird gelebt
Es wird gestorben
Abends ins Bett gelegt
Geträumt bis zum nächsten Morgen

Alles was geschieht
Bleibt zwischen Himmel und Erde
Alles was nicht ist
Auf unser Tun, dass alles werde

Nimm dir die Zeit, mach dich bereit
Gib deinem Leben Raum
Genieße die Zeit, das Glück es eilt
Erfülle dir deinen Lebenstraum

Wach auf, wach auf
Aus der gewohnten Realität
Mach dich auf, komm' leg los
In aller Früh, ist es noch nicht zu spät

Wünsche, Träume, Ziele
Halten dich am Leben
Reiß die Wände ein, spreng Brücken weg
Doch versperre nicht deine Wege

Träume sind geträumt
Sei dir dessen stets gewahr
Entgegen der Zeit, der Wettlauf –
Ist die Route die ich befahr

BILDAUSTAUSCH
Ein Text über das zurückgelegte Leben

Ich musste mit dem Leben kämpfen
Mit mancher Tat, in mancher Schlacht
Es hat mich geformt, mich geprägt
In so manchen Nächten stark gemacht

100.000-Mal
War ich schon am selben Punkt
Ich kann gar nicht anders
Ich reibe mir die Seele wund

Doch ich habe Träume, Ideen – Fantasie
Reise durch mich selbst, entdecke mich wie nie
Ich öffne meinen Geist
Dabei lasse ich die Gedanken frei

Gedankenrausch
Bildaustausch
Lebenshauch
Frisch geteilt und out now!

Wenn es auf der Brust
Und in der Seele wieder brennt
Erinnere ich mich zurück
Weil ich doch dieses Bild schon kenn'

Ich liebe mein Leben an allen Ecken
Wenn es auch in Flammen steht
Wenn ich mich verbrenne –
Dann spüre ich, dass ich leb'

TRÄUMEZAUBER
Gedanken die mich in anderer Sprache sprechen lassen

Drachenkämpfe
In hohen Burgen
In Luftschlössern
Mit Pfeil und Bogen

Träumezauber
So ganz weit unten
Brunnentief
Sind Sternestunden

Freiheitsempfinden
Wolken und Winde
Zeitrad des Geistes
Umrandet das Gebilde

Der eigene Herr
Der eigene Meister
Alles vergeht
Die Zeit zieht weiter

Einsam und verlassen
Liegst du im Verließ
So voller Hoffnung deine Tränen
Die du vergießt

Elfen und Feen
So lange nicht gesehen
Dein Leben noch vor dir
Es wird Zeit aufzustehen!

HOCHHAUS UND LATERNE
Aus dem Alltag mal flüchten... zu sich selbst

Deinem Weg hier unten
Zwischen Hochhaus und Laterne –
Auf ewig gebunden
Doch du hörst den Ruf der Ferne

Du stehst auf

Du ziehst los
Mit Herz und Seele
Denn sie sind weltengroß

Zwischen all dem Restmüll
Und all dem Flaschenpfand
Da sind deine Träume
Wurden tief aus deinem Innern dir gesandt

Dieser Wunsch – mehr zu sein
Als nur die Mitte von Schmutz und Schleim
Für mehr im Leben hier bestimmt
So ziehst du los, in dir ist dein eigenes Heim

Du trägst dich selbst in dir
An jedem Tag, von dort bis hier
Dieses Leben ist ummantelt von der Zeit
Dies ist ein Leben, lass dich nieder, mach dich breit

Dein Leben ist in dir
Alles was du fühlst, denkst und liebst, nimmt dir keiner hier
Alles was du aufbewahrst
Bleibt für immer und ewig ein Teil von dir

AUFGEWACHT
Über Träume und das Lebensgefühl

Ich fühle mich wie ~schon lange auf der Suche~
Nach mir selbst und meinem Leben
Denn dieses Leben hier betäubt
Es umschließt mich wie der Nebel

Auf meinem Weg bis hierher
Habe ich viel Holz verbrannt
Doch aus dieser Asche war ich es –
Der aus den Flammen auferstand

Die Vorstellung von meinem Leben
Dies ist kein Ziel
Die Suche ist beendet, denn es ist
Mein Lebensgefühl

Meine Träume halten mich am Leben
Ich habe meinen Weg betreten
Lebensglück und Lebensziel
Kann mir niemand nehmen, denn es ist mein Gefühl

Manchmal ist es schön und tut auch gut
Die Realität hier zu verträumen
Doch ich wecke mich auf, wecke mich auf
Sonst werde ich mein Ziel hier versäumen

Träume sind doch für den Schlaf gedacht
Nach dem Schlaf wird aufgewacht
Mit meinem Gefühl, gelange ich ans Ziel
Ist der Weg auch weit, ich bin schon hier!

MEINER SEHNSUCHT WIEDERKEHR
Gedanken übers Leben, älter werden…

Ich stelle mir vor
Dies wäre heute mein letzter Tag
Was schreibe ich hin, was lasse ich weg
Wie viele Zeilen wird der Text hier lang

Ich wünschte mir
An meinem letzten Tag
Auf Erden das Paradies
Dass ich diesen letzten Tag genieß'

Danach ist die Show vorbei
Ich habe mein Leben geliebt, ich war frei
Die Tränen bleiben aus
Die Freude schmeißt die Trauer raus!

Ich habe gelebt, gefühlt, geliebt
Gespürt wie mein Leben Flügel kriegt
Gelernt in den Wolken zu schweben
Jetzt geht's auf Reise in nächste Leben

Das Leben verläuft nach dieser Regel
Ich bin ein Fisch, lasst mich ins Meer
Im Wasser des Lebens ewig leben
Der Ozean, Sehnsucht meiner Wiederkehr

Trage mich hinfort, nimm mich mit
Neues Leben im Sonnenaufgang
Unter dem Sternenhimmel schlafen gehen
Hier will ich bleiben, ein neues Leben lang

W-ORT-SPIELER-EI
Neben aller Tiefgründigkeit mal abschalten

Ich möchte heute Freude
Ausstrahlen bis Australien
Genieße die Sterne mit Eierlikör
Ich der Ferne das Feiern, das ich hör

Der Schneebesen und Ahornbaum
Der Teetresen und Dornentraum
Schneeketten, Schmetterling, Schneckenring
Teewetten, Metternich in den Ecken drin

Wein, Tier, Marken, Rücken, Kotelett
Feinbier, starkes Stück, Schrottbrett, Sonderbett
Warten in Bereichen, Abfahrt und Anfahrten
Markenzeichen, Langfahrt und abwarten

Lieder leise und laut, wieder Scheiße gebaut
Sommer auf der Haut, nochmal durchgekaut
Spiegelei, Rührei, alles gratis, gebührenfrei
Kartoffel, Aperitif, Schnitzeljagd, Après-Ski

Sommerhaus, Wintertraum, weißes Fell
Sonne aus, Kinderraum, bitte ein Weizen hell
Kamillenblüte, Rosenkranz, Jamaika-Rum
Vanilletüte, Hosentanz, mach mal weiter stumm

Bagger, Akku, geladen und ganz voll
Kakadu gebraten, der Hans der tanzt so toll
Dietmar, Dieter, Mieter und Vermieter
Sie singen Lieder, kommen wieder, wie die Kids in die
Kita

MÄUSE IM GEHÄUSE
Für die lieben Kleinen (als Kinderlied gedacht)

Eine Maus in ihrem Haus
Hatte Läuse im Gehäuse
Die Maus sie war am Tanzen und am Springen
Dass alle Läuse, vor Schreck von ihr springen

Die Maus bekam zu Besuch noch mehr Mäuse
Zu sich in ihr Gehäuse

Denn die Katze, sie war aus dem Hause und auch,
die Läuse waren ohne Pause

Die Mäuse sie tanzten ganz wild im Hause
Es war eine wahre Mäuse-Läuse-Sause

Die Mäuse flitzten über Tisch und Stühle
Bänke, Wäschehaufen und übers Geländer

Es fielen Löffel, Gabel, Messer,
viele Gläser und auch viele Tassen
Porzellan und auch der Pfannenwender

Den Läusen wurde es alsbald zu bunt
Diese Aufregung war nicht so gesund
Woraufhin sie sich dann verzogen
Und die Mäuse sich vom Lachen bogen

Leider kam dann
Mensch und Katze wieder nach Hause
Und das war es mit der,
riesengroßen Mäusesause

SEI NICHT TRAURIG
Abschiede und ihre Werte (in Erinnerung Nachruf)

Sei nicht traurig
Alles vergeht und lässt nach

Sei nicht traurig
Dies ist immer so leicht gesagt

Bei allem was auch im Leben endet
Geht es doch weiter und beginnt auch neu
Sei nicht traurig, sei nicht traurig

Lass mich allein, ich spüre Trauer und ich heul'

Mancher Abschied fährt so schwer
Unter die Haut in die Seele und ins Herz
Liegen wie Ohnmacht hilflos da
In tiefer Trauer und dem Schmerz

Der Abschied reißt ein Loch ins Ganze
Trennt die Ecken unserer Festigkeit
Testet oder festigt unsern Glauben
An dieses Leben und die ganze Ewigkeit

Ein Mensch der nicht mehr da ist
Nicht mehr sichtbar und greifbar nah
So bleibt, die Trauer und die Sehnsucht
Bis auch zu unserm letzten Tag

Was vergangen ist und vorbei scheint
Wird nie jemals vergessen sein
Wir glauben doch ganz fest daran, dass wir uns alle –
Einmal wiedersehen im anderen Leben irgendwann

AUF DAS LETZTE
Zu guter Schluss kommt immer das Ende

Vor jedem Beginn wird aufregend dem Ganzen
Immer wieder entgegengefiebert
Voller Freude Brust heraus, Fahnen wehen
Der Tag kommt und wir gehen da raus

Herausforderung, Prüfung, auf zur nächsten Station
Setze deinen Willen und Glauben in die Tat um
Gib alles, für dich, für was du willst, zu jeder Zeit
Alles was du gibst, kommt zurück, mach dich bereit

Auf das Letzte! Auf das Letzte!
Auf das, dass das Letzte immer wieder Neues bringt
Nichts wird jemals wirklich enden
Solange hier im Leben alles neu beginnt

Auf das Letzte! Auf das Letzte!
Zieh nach vorne mit deinem Mut und deiner Stärke
Nichts wirft dich jemals aus der Bahn
Wenn du dir treu bleibst, bleib bei dir und deinen
Werten

Vielleicht vergehen Jahre
Wo du im Dunklen, in deinem Schatten bist
Doch es kommt der Tag der Tage
An dem du erkennst, wer du wirklich bist

Darum vergesse nie – auf das Letzte!
Dass es immer wieder etwas Neues bringt
Dass die Tage, die Jahre, die Stunden und Sekunden
Auch ein Teil deines Erwachens sind

DIE LAHN (Bonus-Text)
Schöne Grüße aus dem hessischen Marburg

Am ruhigen Gewässer
Fließen ruhig die Gedanken
Klar und geordnet
Brechen sie Barrieren und Schranken

Am ruhigen Gewässer
Da legt sich der Strom
Kein Rauschen zu hören
Ganz ruhig ist der Ton

Nah ist das, was sonst so fern
Das sonst so nahe, scheint so weit
Alles findet Ordnung
In der Ruhe der Zeit

Wenn die Seele baumelt
Wirkt sie langsam befreit
Alles in Ordnung
Sie ist für Neues bereit

Frische Kraft, neuer Elan
Tatendrang und Leichtigkeit
Möge es bleiben
Lass es beginnen, allzeit bereit

BAHNHOFSBILD
Von Marburg aus, Texte in alle Welt hinaus

Menschen kommen und ziehen vorbei
Frage mich wie weit ihr Ziel wohl scheint
Ein kurzer Blick mit auf dem Weg
Nettes Lächeln und der Moment vergeht

Auf der Strecke von
Marburg nach irgendwo hin
In den kurzen Augenblicken
Bin ich mitten in diesem Text drin

Und ich beschreibe was ich sehe
Und ich beschreibe was ich fühle
Zwischen all den Menschen
Zwischen all der Hektik und dem Gewühle

Das Bahnhofsbild – das Bahnhofsbild
Gar nicht so trist, nur furchtbar wild
Ich sende Lyrik aus Marburg, sei dabei
Ich steige aufs Gleis in Richtung Frei

Zauberwaggons gibt's leider nicht
Doch Freiheit auch etwas Schönes ist
Die Lyrik von Marburg in Richtung Frei
Versendet vom Bahnhof zur Sommerzeit

Liebe Leserinnen und liebe Leser,

sie haben das Ende des ENTGEGEN DER ZEIT –
SONDERBAND 2, erreicht.

Ich hoffe Ihnen haben die Texte gefallen und ich
konnte Ihnen wieder vielfältige Inhalte mit auf Ihren
Weg geben.

Das Schreiben für mich in stiller Stunde, oder unter
Menschen ist für mich immer und immer wieder etwas
besonders. Ein noch schöneres Gefühl ist es, wenn Sie
liebe Leserinnen und liebe Leser diese Schriftstücke in
der Hand halten und meine Texte Sie erreichen.

Herzliche Grüße, eine schöne Zeit und bis nur
nächsten Reise,

Christian Hofmann

Christian Hofmann, geboren am 5.3.1986 in Biedenkopf bei Marburg, schreibt seit dem Jahr 2006 Texte aus dem und über das Leben.

Mit dem Band ENTGEGEN DER ZEIT – SONDERBAND 2, veröffentlicht der Autor den zweiten Band seiner Sonderband-Reihe.

Das Schreiben, ist wie er selbst immer benennt – sein Leben.
In jeder seiner Schriftstücke fließt die Liebe und Hingabe zur Sprach mit ein. Ob es Texte zum Nachdenken, zum Träumen, oder ob es Texte sind um einmal Inne zu halten.

Jeden Text verfasst er mit sehr viel Einfühlungsvermögen und Leidenschaft.

„Das Schreiben ist mein Leben, jeder Buchstabe ist wie ein Atemzug für mich" *Christian Hofmann*

BONUSMATERIAL

LIEBE REGIERUNG –
FRUST EINES ARBEITNEHMERS

Lang genug im Dreck und Scheiß gebadet
Mehr als genug, Vaterstaates Schrott gewartet
Mehr als genug, Papi-Staates Arsch besteuert
Lang genug der Solidarität beteuert

Lang genug die Faxen hier im Land ertragen
Hass + Wut auf mich selbst gerichtet –
an zu vielen Tagen
Lang genug gegeben ohne etwas zurück zu haben
  Mehr als genug kann ich gebrauchen, als ich   habe

Ich darf hier fleißig meine Steuern zahlen
  Was bringt mein Kreuz, bei all den vielen Wahlen!?
Mehr als genug, an Schmerz hier eingesteckt
Mehr als genug,
wurden meine Träume in Brand gesteckt

Immer fleißig die Arbeit verrichten
Lang genug in allen variablen Schichten
Mindestlohn und Armutsgrenze
Wer Vollgas gibt, der vergisst zu bremsen!

Lang genug Hass + Wut auf mich selbst gerichtet
Jetzt ist es Zeit, all der Unmut wird gedichtet
Dies ist real, wie der Mensch sich hier vernichtet
  Dem Staat geht's gut, weil er seine Sklaven richtet

Lang genug still gewesen und das Maul gehalten
Lang genug mit geschmiert, das System erhalten
    Mehr als genug, wollte man mir das Leben gestalten
Mehr als nur genug,
ich kann die Schnauze nicht mehr halten

    lang genug Fakten und Tatbestände dokumentiert
lang genug selbst erlebt und protokolliert
Vaterstaates Wahrheit, vieles jedoch zensiert
Papi-Staat du willst mich leiten,
    bin doch nur das Schäfchen, dass du dressierst und
kontrollierst

Lang genug geschröpft und ausgebeutet
Beitragsrechnung, Kirchensteuer, Klingelbeutel
Lange genug hohe Diäten und Mehrwertsteuer
    Längere Arbeitszeiten und das Leben, es wird teurer

    Lang genug an Renten gespart, Vatersaat findet es klug
Lang genug leben Menschen schon am Abgrund
Mehr als genug ist der Missstand wohlbekannt
    Hoch genug sind die Krankheitsfälle in diesem Land!

**PERSONALDIENSTLEISTUNG –
HINTER DEN KULISSEN**

Nachfolgende Zeilen habe ich selbst erlebt
Dachte, dass es in der Realität nicht so abgeht

Mein Chef damals in der Personaldienstleistung

Er nahm mit Freude, jede Bewerbung an
€-Zeichen funkelten in seinen Augen, er sagte:
„alle die geradeaus laufen können, stellen wir an"

Egal ob psychisch labil, egal ob krank –
Behindert oder Kerngesund
Sie alle bringen uns unser Geld
Der Rest juckt nicht und Punkt!

Da waren Menschen mit Tragödien
Er lachte über sie, wie bei Komödien
Verarscht und hinters Licht geführt
War der Name auf dem Vertrag signiert

Die Eingruppierung vom Stundenlohn
Geschickt ohne PSA/UVV in die Produktion
Stundenverrechnungssatz, der Sklave verkauft
Wäre er wohl mal nicht besser aufgetaucht

Lohnabrechnung – Entgeltbetrug
  Ja, auch der fand statt, Chef dachte er handle klug

So setzte er ein
In dem Personalsystem
Dachte sich wohl
Dies wird schon keiner sehen

Für den gelben Schein
Auch AU genannt

Hat er Stunden vom Zeitkonto,
des Mitarbeiters verbannt

So sparte er am Mitarbeiter ein
Der Gewinn, sollte dem Sklavenhändler sein
Dieser Betrug war kein Einzelfall
Noch mehr Ideen, war sein Einfall

DIES IST MEIN WEG

Ich war noch so jung
Doch meine Träume waren riesig groß
Schon im Kindergarten baute ich Klötze
Zu einem Wolkenkratzer hoch

Die Erzieherin, sie ermahnte mich
„Christian, baue die Türme nicht so hoch"
So kommt mir die Erinnerung
Meine Träume, ja sie waren schon immer groß

Fußball, Kunst, Zeichnen,
Geschichten schreiben
Stand immer schon unter diesem Zeichen
  Damals nicht begriffen, doch stellte das Leben meine
Weichen

´98 da kam der Wechsel
Ab auf eine andere Schule
Andere Pädagogen, andere Regeln, Außenseiter
Randale und Bambule

Hauptschule –
9. Klasse mit Abschluss
Mittlere Reife –
Für einen Freund war's der Abschuss!

Le(e)hre zum CNC-Fräser
Scharfes Metall, laute Maschinen
Auf dem Weg –
Fern ab von meinen schönen Zielen

Depression, Burnout
Zusammenbruch –
Tiefer Fall, setzte der Scheiße –
Nun den Schluss!

Aufgestanden, aufgerappelt –
Neu begonnen
Durch die Niederlagen –
Mein Ich zurückgewonnen

Texte verfasst
Autobiographisch
Die ganze Wahrheit
Fakten auf den Schreibtisch

Bridge:
Verletzungen davongetragen, keine Frage
Doch bin auferstanden, dies ist meine Sage

Refrain:
Neuer Weg, dem Ziel so nah
So wie heute, so war es mir noch nie klar!
Wegumbruch, Notausgang ins Freie –
Begonnen mit der Entgegen der Zeit-Buchreihe

MIT ANDEREN AUGEN

  Wenn du denkst, dass dir die Welt nichts geben kann
Dann blicke auf sie mit anderen Augen

Schaue in dich selbst hinein
Lerne an dich zu glauben

Alles was du brauchst
Ist der Glaube an dich in dieser Welt
Wünsche, Träume, Hoffnung, Ziele
Kommen dann schon wie von selbst

Bridge:
Mach dich auf die Suche nach dir
Den Weg den du findest, er führt fort von hier
Öffne dein Herz, wenn du die Reise beginnst
　Komme erst wieder, wenn du zu verstehen beginnst

Refrain:
Alles was du suchst, findest du in dir
　Nur wenn du an dich glaubst, gehst du weiter von hier
In dir selbst ist deine Welt
　Du musst sie entdecken, bei allem und was auch immer
—
Sich dir in die Wege stellt

Alles was du willst, es kann dir gelingen
Doch bevor es das wird, musst du beginnen
Ein Spiel auf Zeit, ist der Weg auch weit
Du musst ihn gehen, in der Not auch allein

Das Leben ist da, deine Welt wartet auf dich

Setz einen Schritt vor den andern, zögere nicht
  Dunkelheit und Schatten, Licht und Sonnenschein
  Alles wird dich begleiten, geh in der Not auch allein

Habe keine Furcht, was du auch schaffen willst
Das stehst du durch
Blicke auf die Welt nun mit anderen Augen
Lerne an dich zu glauben

Wind und Wetter, Eis und Regen
Finde zu dir und deinem Segen
Donnerwetter und Wolkenbruch
  Dies ist dein Leitweg, es ist für immer dein Spruch

STERNENNACHT

In Angst und Schrecken groß geworden
Lange Schatten werfen all die Sorgen
Die Kindheit bleibt ein langes Kleid
  Längst vergangen, doch nicht vergessen diese Zeit

Mein Bewusstsein war tief begraben

Auf dem Weg verstehen mit 1000 Narben
All die Schmerzen tief unter meiner Haut
Sind immer noch zu fühlen, sind so vertraut

Mein Leben hier, ist wie ein Klotz am Bein
Herz das fühlte, wurde hart wie Stein
Keiner da – keiner hier
Was ich nicht fand, kann ich nicht verlieren

Bridge:
Ja, ja das Kind wird groß
Doch die Erinnerung wird es nie los
Jede Sekunde dieser brutalen Qual –
Ist Geschichte, doch verdammt nochmal real!

Refrain:
Heute lächelt die Sonne zum Fenster rein
Ich öffne die Türe und lass sie herein
Sie spendet Trost, wie jede Sternennacht
Sie schaut am Tag, wenn der Stern nicht wacht

Mein Leben ist eine Dauerschleife
Altes holt mich ein, doch ich erlange Reife
Ich bin befreit und auf großer Reise
Steckte viel ein, vor allem viel Scheiße!

Ich schreibe schon so viele Jahre
Fühle in mir das Echte und das wirklich Wahre
Mein Leben war kein Zuckerschlecken

Statt zu rennen, war ich mich am Verstecken

Habe mich nicht und mir nix zugetraut
Den Mut so lange nicht gefunden
In Einsamkeit trete ich im Leben –
Die meisten meiner Stunden

Heute bin ich der, der ich geworden bin
   Doch ab und an, meldet sich in mir das kleine Kind
   All das, was war macht mir mein Leben manchmal
schwer
   Und sie sagen alle zu mir, das ist doch schon so lange
her

Die Vergangenheit, mit all dem erlebten Leid
Schüttelst du nicht ab wie den Staub vom Hut
Die vergangene Zeit, ist auch dein Geleit
Ich wurde zu diesem Mann mit Mut

NIX ZU SEHEN

Alles hören, die Scheiße und die Litanei
Ich schreibe alles auf – mein Ding,
ist die Schriftstellerei, kippe literweise
Buchstaben in meinen Schädel rein!

Reime, Verse und Zitate

Kreuzworträtsel, beste Zutaten
Alles mein Leben, meine Passion
Easy, yeah! Passt, ich mache das schon!

1 2 3 – A B C
Völlig frei von THC
Drive in – ach komm schon fahr weiter
Sitze am Lenkrad, bist Fahrbegleiter

Die Lage ist heikel, zugespitzt
Der Lack geleckt, die Sach' ist geritzt
Deckel drauf, Kopf ab – Arsch tot
Fett geparkt im Halteverbot

Kein Mucks, komm halt die Fresse
Fake News, druckt nur die Presse
110, 112 – Blaulichtwerk-Feierei
0815 – gehen sie weiter, gibt nix zu sehen

Kaum zu glauben und schwer zu fassen
Im Schrank da fehlen sämtliche Tassen
Nicht mehr alle Latten am Zaun
Was für ein Scheiß, Zeit abzuhaun'
DETECTIVE DUSTY **UND MISTY –**
(FIKTIVER RANDOM-CHARAKTER)

Dies sind die Abenteuer von
Detective Dusty und seiner Dogge Misty
Scharfe Zunge unter dem grauen Hut
    Unter dem Mantel steckt Heldentum und Wagemut

Scheinwerferlicht und Zigarrenrauch
Der Nebel dicht, Gefühl ist kühl und mäusegrau
Ein Schrecken aus der Finsternis
Umhüllt das verborgene Geheimnis

Lanze und Schlangenzunge
Seit Rookie-Days, gestandener Mann im Bunde
Das Ermitteln, das ist sein Dienst
Die Widersacher, die er schon in die Enge trieb

Das ist der Detective im frühen Morgengrauen
Wo das Verbrechen niemals schläft
Muss er sich Nächte um die Ohren hauen

Police-Badge, Revolver und Patronen
An seinem Gürtel hängen Teufelsbohnen*
  Die Stadt im matten non Glanz- und Glamourstyle
Von Fall zu Fall, zu jeder Mitternacht er eilt

*Teufelsbohnen (Handgranaten)
*Rookie-Days (Beginn der Karriere)
WO BIST DU?

Schon einen ordentlichen
Weg zurückgelt
Selbstreflektierend, ernüchternd
Stellst du fest

Auf Abruf immer bereit gewesen

Der Schmerz sitzt tief in deinem Herz

So viel liegt
Schon hinter dir
Ist doch jetzt mal gut
Dies denkst du dir

Ohne Pause, immer Vollgas
Mittenrein
Immer getan, was man vor dir verlangt
Du armes Schwein

Träume blieben
Auf der Strecke liegen
Krumm gemacht für jeden
Alles immer am Gerade-Biegen

Wo bist du, wo bist du?
Du musst dich suchen um dich zu finden
Unter all den Trümmern
Lass alles was mal war, einfach schwinden

FRUST EINES ARBEITNEHMERS
HINTER DEN KULISSEN
DIES IST MEIN WEG
MIT ANDEREN AUGEN
STERNENNACHT
NIX ZU SEHEN
DETECTIVE DUSTY UND MISTY

WO BIST DU?

Ende

...Bis zur nächsten Reise...

Herstellung und Verlag:
BoD - Books on Demand, Norderstedt
ISBN 978-3-7534-1678-6